SALOMON ET THOMAS D'AQUIN

DISCOURS

PRONONCÉ DANS L'INSIGNE BASILIQUE SAINT-SERNIN A TOULOUSE

LE 7 MARS 1885

PAR

L'Abbé Augustin LEMANN

Chanoine honoraire, docteur en théologie,
Professeur d'Écriture sainte aux Facultés catholiques de Lyon.

Hi sunt duæ olivæ et duo candelabra in conspectu Domini terræ stantes.

Ce sont là deux oliviers de choix, deux candélabres de lumières en présence du Seigneur de la terre.

(Apocal., xi, 4).

TOULOUSE

ED. PRIVAT, IMPRIMEUR DE L'ARCHEVÊCHE

RUE DES TOURNEURS, 45

1885

SALOMON

ET

SAINT THOMAS D'AQUIN

DISCOURS

PRONONCÉ DANS L'INSIGNE BASILIQUE SAINT-SERNIN, A TOULOUSE

LE 7 MARS 1885

PAR

L'Abbé Augustin LÉMANN

Chanoine honoraire, docteur en théologie,
Professeur d'Écriture sainte aux Facultés catholiques de Lyon.

> *Hi sunt duæ olivæ et duo candelabra in conspectu Domini terræ stantes.*
>
> Ce sont là deux oliviers de choix, deux candélabres de lumière, en présence du Seigneur de la terre.
>
> (Apocal., xi, 4).

TOULOUSE

ÉD. PRIVAT, IMPRIMEUR DE L'ARCHEVÊCHÉ

RUE DES TOURNEURS, 45

1885

Éminence[1],

Messeigneurs[2],

Mes Frères,

Ces paroles de l'Esprit-Saint se rapportent spécialement à la mission d'Élie et d'Énoch, qui doivent ressusciter la foi dans les derniers temps.

Cependant, dans un sens qui n'a rien de forcé, elles peuvent s'appliquer aussi à deux hommes également extraordinaires, deux hommes également à part, qui ont déjà paru sur la terre, l'un au milieu des siècles mosaïques, l'autre au milieu des siècles chrétiens : Salomon et Thomas d'Aquin ! *Ce sont là deux oliviers de choix, deux candélabres de lumière, en présence du Seigneur de la terre.*

Rapprocher l'un de l'autre ces deux hommes, ces deux candélabres, Salomon et Thomas d'Aquin, afin de les étudier, de les comparer dans leur mission de lumière, qui fut si considérable, ne sera peut-être pas œuvre inutile, Messieurs, soit au point de vue de l'intelligence, soit même au point de vue du gouvernement de la vie.

1. Son Éminence le cardinal Desprez, archevêque de Toulouse.
2. Leurs Grandeurs Mgr Rougerie, évêque de Pamiers; Mgr Fiard, évêque de Montauban ; Mgr Castillon, évêque nommé de Dijon; Mgr Lamothe-Tenet recteur de l'Institut libre du sud-ouest.

Le cadre de ce parallèle se trouve, du reste, naturellement déterminé par les grandes lignes historiques de la vie de chacun d'eux.

Il y a, en effet, à étudier Salomon et Thomas d'Aquin :

1° Dans l'acquisition de la sagesse et de la science ;

2° Dans l'éclat de la plénitude ;

3° Dans l'épreuve à laquelle ils furent l'un et l'autre soumis et dans les conséquences qu'elle entraîna.

Telles seront donc nos divisions dans ce travail de rapprochement qui n'a pas lieu de vous surprendre, nul d'entre vous n'ayant certainement oublié qu'au milieu des Pères assemblés à Trente, sur une table richement ornée, ainsi que sur un trône d'honneur, deux livres reposaient : la *Bible*, où figure Salomon ; la *Somme théologique*, œuvre de saint Thomas.

ÉMINENCE,

Le pèlerin qui visite le couvent des Dominicains, à Naples, s'arrête encore aujourd'hui avec respect à l'entrée d'une grande salle. L'image d'un Frère prêcheur, couronné de l'auréole des saints, a fixé ses regards, et, sous cette image, il lit l'inscription suivante, gravée sur le marbre : *Avant que d'entrer, vénérez cette image et cette chaire, d'où le célèbre Thomas d'Aquin fit entendre autrefois ses oracles à un nombre infini de disciples pour la gloire et la félicité de son siècle ; le roi Charles Ier procura cet avantage à son royaume et assigna une once d'or de pension pour chaque mois*[1].

En considérant les mérites des savants professeurs de l'Institut catholique de Toulouse et le bien immense que cet Institut est appelé à réaliser dans la société, je me suis demandé si ce ne sera pas quelque chose de cet éloge que la postérité reconnaissante gravera un jour, Monseigneur, autour du nom béni de Votre Éminence, ainsi qu'autour des noms également bénis des vénérables Archevêques et Évêques fondateurs. Car, non seulement Thomas d'Aquin aura été réintégré dans sa primauté d'honneur, mais, ce qui est une assurance pour la gloire et la félicité de l'avenir, toute science, autour

---

1. Guill. de Tocco, *apud Bolland.*, p. 741.

du grand Docteur, se sera reprise à enseigner selon l'esprit qui l'animait. Et quant à l'once d'or mensuelle, inscrite à dessein sur la plaque de marbre, l'histoire ne dira-t-elle pas aussi : qu'à défaut d'une main royale pour l'assurer, il y eut, dans des temps difficiles, le dévouement princier d'hommes d'élite, groupés sous le nom modeste de *Société civile*; à côté d'eux, la générosité intarissable de milliers de bienfaiteurs; et enfin, de votre part, Messieurs, la sereine et inaltérable confiance en Celui qui disait, montrant un humble lis de la vallée : *C'est moi qui le revêts de tissus et de couleurs, comme jamais Salomon n'en a eu aux jours de sa magnificence*[1].

I

L'acquisition de la Sagesse et de la Science.

Salomon, second fils de David et de Bethsabée, parce qu'il vint au monde en pleine paix, reçut à sa naissance ce nom de Salomon, qui signifie le *Pacifique*. Il avait le teint blanc et vermeil; les boucles de ses cheveux étaient flexibles comme des palmes; ses yeux, doux comme ceux de la colombe : il était beau comme les cèdres, on le comparait au Liban[2]! Mais si magnifiques que fussent, chez le royal enfant, tous ces avantages extérieurs, ils se trouvaient bien surpassés par les nobles qualités de son esprit et de son cœur.

Sous tous ces rapports, Thomas d'Aquin n'est pas inférieur. Neveu par ses ancêtres paternels, de l'empereur Frédéric Barberousse, le jeune seigneur appartenait, par ses ancêtres maternels, à ces fameux chefs normands, Robert et Roger Guiscard, qui, venus des froides contrées du Nord, s'étaient, de la pointe de leur épée, tracé un royaume sous le beau ciel de Naples. Il semblait que ce ciel lui-même se fût réfléchi tout entier dans l'âme de Thomas d'Aquin, tant son

1. Matth., vi, 28, 29.
2. On admet généralement que les traits sous lesquels est dépeint l'Epoux sacré au Cantique des cantiques se rapportent aussi à Salomon : *Dilectus meus candidus et rubicudus... Comæ ejus sicut elatæ palmarum... Oculi ejus sicut columbæ... Species ejus ut Libani, electus ut Cedri (Cantic.* v, 10-15).

regard scintillait d'intelligence et tant ses lèvres distillaient la bonté !

Merveilleusement doués, du côté de la nature, pour l'acquisition de la sagesse et de la science, Salomon et Thomas d'Aquin le furent surtout par les prévenances de la grâce. A peine Salomon a-t-il vu le jour, qu'il est visité dans son berceau, de la part du Seigneur lui-même, par le prophète Nathan ; et il reçoit, en cette circonstance, un second nom, bien significatif, celui de *Yedidah*, ou de *Bien-aimé de Jéhovah*[1]. Qu'est-ce que le bien-aimé n'a pas désormais à espérer de Celui qui l'aime ?

Et quant à Thomas d'Aquin, il reposait encore dans le sein de sa mère, lorsque, un jour, un vénérable ermite nommé le *Bon*, mais *meilleur encore par sa piété*, disent les chroniques, s'approchant de la vertueuse comtesse, lui annonça qu'elle donnerait naissance à un enfant dont la science et la sainteté seraient telles que personne, en son siècle, ne pourrait lui être comparé ; puis il ajouta : Vous l'appellerez Thomas[2]. Or, ce nom, dans la langue hébraïque, signifie *profondeur* ou *abîme*. Tout l'avenir de l'enfant était dévoilé dans ce mot !

Mais si prédisposé qu'on soit par des qualités naturelles et même par des dons surnaturels, c'est une loi de notre nature déchue, Messieurs, qu'on n'arrive à l'acquisition de la sagesse et de la science, qu'autant qu'on a été préalablement enseigné, « afin qu'il ne soit pas dit que le génie sera né de lui-même, mais qu'il aura été disciple avant d'être créateur »[3]. Astreints donc à cette loi d'humilité et de développement, Salomon et Thomas d'Aquin s'y trouvèrent encore les privilégiés de la Providence, puisque le précepteur du prince hébreu ne fut autre que cet homme remarquable déjà nommé, le prophète Nathan lui-même, célèbre par ses visions messianiques et sa qualité d'historien[4].

1. II Rois, xii, 25.
2. Guill. de Tocco, *apud Bolland.*, t. I, Mart., p. 659.
3. Lacordaire, *Confér. de Toulouse*, p. 240.
4. Non seulement Nathan est l'auteur de la célèbre prophétie renfermée au chapitre septième du onzième livre des Rois (v, 12-16), mais la Bible lui attribue encore des Annales sur le règne de David et de Salomon (I Paralip., xxix, 29 ; II Paralip., ix, 29). Malheureusement, ces Annales sont depuis longtemps perdues. (Glaire, *Introduct. aux Liv. de l'Anc. et du Nouv. Test.*, 1861, t. I, p. 95).

Plus favorisé encore fut peut-être Thomas d'Aquin ; l'époque où il vécut étant si avide de science qu'on n'hésitait pas à l'aller demander, au prix de longs voyages, à tous les maîtres de renom. On poussait même le zèle jusqu'à rester disciple à un âge quelquefois bien avancé, ainsi que le témoignent deux vers d'une naïveté charmante, dus à la plume d'un vieil élève de ces siècles de grand savoir autant que de grande foi :

> Tout ton vivant, tu n'as fait autre chose
> Que ta personne toujours tenir enclose.

Ce fut d'abord au Mont Cassin, auprès des fils de saint Benoît, puis à l'Université royale de Naples, où il revêtit l'habit de saint Dominique, que Thomas d'Aquin tint successivement sa personne enclose. Mais le vrai père de son intelligence, celui que la divine Providence lui avait réservé comme un maître à part, il le rencontra à Cologne ; saluez son nom de vos respects, Messieurs : Albert le Grand !

On ne peut douter que ce ne soit à de si éminents précepteurs que Salomon et Thomas d'Aquin aient été redevables, après Dieu, du splendide essor de leurs riches facultés, de cet enthousiasme de l'étude qui entraîna et passionna leurs jeunes années. Ce qu'il y avait de générosité dans cet enthousiasme, de désintéressement dans cette poursuite de la vérité, une réponse célèbre de chacun d'eux nous l'a appris :

C'était à Gabaon, dans la tribu de Benjamin. Salomon s'y était rendu pour sacrifier devant le tabernacle du désert, encore en cette ville[1]. La cérémonie fut magnifique. La nuit suivante, Jéhovah lui apparaissant en songe, dit au jeune prince : *Demande-moi ce qu'il te plaira.* Et Salomon, revenu de son saisissement, de répondre : *Seigneur, qu'il vous plaise d'accorder à votre serviteur la sagesse et la science, afin qu'il sache rendre la justice à votre peuple et discerner entre le bien et le mal*[2].

Du riant plateau de Gabaon, nous voici maintenant dans une ville déjà géante. C'est Paris au treizième siècle, avec son éblouissement de toits, d'hôtels, de pignons, de rues, de ponts, de places, de flèches,

1. II Paralip., I, 2, 3.
2. III Rois, III, 5-7.

de clochers, tout un tumulte d'édifices ; avec sa vieille île de la Cité en forme de navire ou plutôt de berceau, et Notre-Dame y élevant déjà avec orgueil son immense voûte et ses solides tours. Deux religieux, en froc blanc, traversent, en ce moment, les rues de la ville, émerveillés du spectacle qu'ils ont sous les yeux. L'un, vieillard vénérable, est Jean le Teutonique, maître-général des Frères prêcheurs, et l'autre, jeune novice qui l'accompagne, est Thomas d'Aquin. Tout à coup, le vieillard, suspendant sa marche : *Que donneriez-vous, frère Thomas, pour être le roi de cette grande ville, le maître de cette illustre cité ? — J'aimerais mieux,* répond le religieux novice, *les commentaires de saint Jean Chrysostôme sur saint Matthieu*[1].

Que j'aime ces deux réponses, Messieurs ! quels caractères elles dénotent !

Qui oserait affirmer que dans ce siècle, qui est le nôtre, tout décoré qu'il soit du titre de *siècle des lumières,* on entendrait ces réponses, on retrouverait ces caractères ? Ah ! j'aperçois plutôt des mains qui se tendent avides vers ce cercle d'or qu'on nomme un diadème ; ou du moins, pour rester dans le cadre des idées du jour, j'entends d'innombrables voix qui se prononcent pour des plaisirs, qui optent pour de l'argent... Mais Salomon, lui, se prononce pour la sagesse. En se souhaitant un commentaire de l'Evangile, c'est aussi vers elle et vers la science que se porte Thomas d'Aquin...

Le Seigneur ne pouvait se laisser vaincre :

Puisque tu n'as souhaité, dit-il à Salomon, *ni la richesse, ni la gloire, ni même une longue vie..., la lumière et la sagesse te sont accordées. Je te donne dès ce moment la science et un cœur si plein de sagesse qu'il n'y a jamais eu d'homme avant toi qui t'ait égalé, comme il n'y en aura point après toi qui t'égalera*[2].

La similitude des résultats va établir que cette réponse de Dieu à la demande de Salomon, s'est renouvelée, Messieurs, sur les désirs de saint Thomas.

1. *Potius habere vellem Chrysostomum super Matthæum quam istam civitatem!* (J. Bareille, *Histoire de saint Thomas d'Aquin,* 4ᵉ édit., 1862, p. 97.)
2. III Rois, ii, 12 ; II Paralip., i, 11, 12.

II

L'éclat de la plénitude.

La promesse de Dieu s'est accomplie.

Salomon et Thomas d'Aquin sont restés sans rivaux, leur sagesse et leur science ayant présenté, à un degré éminent, trois qualités rarement réunies ici-bas.

La première est l'*universalité*.

L'universalité est incontestable chez Salomon, la Bible affirmant que Dieu lui avait donné *un esprit étendu comme le sable qui est sur le rivage de la mer* [1].

Toutefois, s'il vous plaisait, Messieurs, d'apprendre en détail les diverses connaissances qui ornaient l'âme du grand monarque, j'ajouterai, en suivant un certain ordre : que Salomon possédait *la théologie*, puisqu'il traita de Dieu et de ses attributs dans plus de mille cantiques, *carmina ejus quinque et mille* [2].

Il possédait *la philosophie*, puisqu'il connaissait les pensées des hommes, *cogitationes hominum* [3], c'est-à-dire leurs raisonnements, leurs procédés intellectuels, et qu'il disserta de l'éthique et de l'âme humaine dans trois mille paraboles, *locutus est tria millia parabolas* [4].

Il possédait *les lettres et l'éloquence*, puisqu'il avait reçu de Dieu le don de dire tout ce qu'il voulait, *mihi dedit Deus dicere ex sententia* [5].

Il possédait *le droit*, puisque la sagesse de Dieu était en lui pour rendre la justice, *sapientiam Dei esse in eo ad faciendam justitiam* [6].

Il possédait l'ensemble des *sciences*, puisque, d'après le livre de la Sagesse, il connaissait ce que nous nommons aujourd'hui la *zoo-*

---

1. III Rois, iv, 29.
2. *Ibid.*, 32.
3. Sagesse, vii, 20.
4. III Rois, iv, 32.
5. Sagesse, vii, 15.
6. III Rois, iii, 28.

logie[1], la *botanique*[2], les *mathématiques* et la *géométrie*[3], la *chimie*[4], la *cosmologie*[5], la *cosmographie*[6], l'*astronomie*[7].

On peut même ajouter que Salomon n'était pas étranger à la *médecine*, puisqu'il est dit qu'il connaissait les vertus des racines, *virtutes radicum*[8]... En un mot, lorsqu'on récapitule les diverses connaissances de cette exceptionnelle intelligence, on constate que Salomon eût presque suffi à constituer, à lui tout seul, le vaste personnel enseignant nécessaire à la fondation d'une *université*, — je me trompe... le mot est prohibé[9]. — nécessaire à la fondation d'un *Institut judaïque !*

Non moins merveilleuse était l'universalité de saint Thomas.

Un mot suffit à l'établir : la *Somme théologique !*

Qu'est-ce donc que la Somme théologique?

Le voici :

Jusqu'au onzième siècle, les immenses matériaux dont l'ensemble constitue la théologie ou étude de Dieu, de l'homme et de leurs rapports, se trouvaient disséminés dans les soixante-dix livres de l'Ecriture, d'innombrables décrets de papes et de conciles, enfin

---

1. *La zoologie*, puisqu'il connaissait la nature des animaux et leurs instincts, *naturas animalium, et iras bestiarum.* (Sag., vii, 20.)

2. *La botanique*, puisqu'il connaissait la variété des plantes, *differentias virgultorum.* (Sag., vii, 20.)

3. *Les mathématiques* et la *géométrie*, puisqu'il surpassait les Egyptiens, les plus forts en ces matières, *præcedebat sapientiam Ægyptiorum.* (III Rois, iv, 30.)

4. *La chimie*, puisqu'il connaissait les énergies des éléments et leurs manières de se comporter, *virtutes elementorum.* (Sag., vii, 17.)

5. *La cosmologie*, puisqu'il connaissait l'agencement de l'univers, *dispositionem orbis terrarum.* (Sag., vii, 17.)

6. *La cosmographie*, puisqu'il connaissait le commencement, la fin et le milieu des temps, la succession des solstices, les changements des saisons, les révolutions des années, *initium et consummationem et medietatem temporum, vicissitudinum permutationes et commutationes temporum, anni cursus.* (Sag., vii, 18, 19.)

7. *L'astronomie*, puisqu'il connaissait la position des astres, *stellarum dispositiones.* (Sag., vii, 19.)

8. *Ibid.*, 20.

9. Depuis l'année 1879, à l'instigation de M. Jules Ferry, alors ministre de l'instruction publique, un décret a été rendu faisant défense aux universités fondées par l'Eglise de conserver, en France, ce nom d'universités.

dans la longue chaîne des Pères de l'Eglise. Ici, c'était un irréfuta-
ble texte scripturaire sur la Trinité ; là, un important décret sur
l'Incarnation ; ailleurs, des pages admirables sur le sacrement de
pénitence ; tout cela, matériaux immenses ; mais, je le répète, disséminés. De plus, lorsqu'on avait alors à établir quelque point de
doctrine ou de morale, c'était presque exclusivement aux sources
que je viens d'indiquer, c'est-à-dire à l'Ecriture et à la Tradition,
qu'on se hâtait de recourir. Cette méthode et ces moyens d'établir
scientifiquement la foi ont porté, dans l'Eglise, le nom de *théologie
positive*.

Mais, voici qu'à la fin du onzième siècle, un vaste désir d'unifier et
d'approfondir passe, comme un souffle de Pentecôte, sur les écoles
et les intelligences.

Au lieu de traiter isolément les divers points de dogme et de morale, ce que l'on projette c'est de réunir dans un même ensemble
toutes les lumières de l'Ecriture et de la Tradition ; de concentrer,
dans un ouvrage unique, mais selon la disposition d'une armée ran-
gée en bataille, les immenses matériaux relatifs à la foi ; de telle
sorte que les divers points de la doctrine catholique, depuis l'exis-
tence de Dieu jusqu'au dernier précepte de la morale évangélique,
se déduisissent logiquement, rigoureusement, lumineusement.

Il y a plus. Afin de ne négliger, dans une œuvre de cette impor-
tance, aucune preuve, aucune force, ce ne sera plus seulement au
dépôt de la foi, à l'Ecriture et à la Tradition qu'on aura recours ; mais
toute science venant de Dieu et le prouvant, on fera appel aux éclair-
cissements de la philosophie et de toutes les sciences.

De cette ambition et de cet appel est née, Messieurs, *la théologie
scolastique ;* et ses aspirations, vous venez de l'entendre, étaient à
l'universalité : universalité du côté de l'objet, qui sera la science
rassemblée et enchaînée de Dieu, de l'homme et de leurs rapports ;
universalité du côté des moyens, le devoir du scolastique étant de
s'instruire de la philosophie et de toutes les sciences humaines, pour
mieux prouver la science divine et l'enrichir de leurs belles lumières.

Mais lorsque l'ouvrage projeté, occasion et point de départ de ce
splendide essor, aura été, après plus de vingt essais et pas moins de
cent cinquante ans d'efforts, enfin réalisé ; colossal dans ses dimen-
sions, magnifique dans son plan, plein d'harmonie dans ses parties,
vous ne serez pas étonnés qu'il soit sacré d'un nom à part. De même

donc que Dieu, à l'origine, après qu'il eut rassemblé en un seul lieu toutes les eaux de la terre, leur avait donné un nom spécial, celui de *mers, congregationesque aquarum appelavit maria*[1] ; ainsi l'Église, dans son admiration, a décerné le nom de *Somme théologique*, c'est-à-dire d'assemblage de toutes les vérités religieuses, à l'œuvre harmonique et immortelle de Thomas d'Aquin !

Être universel, c'est rare. Mais ce qui l'est bien davantage, c'est d'unir à l'universalité la *profondeur*.

Telle est, en effet, l'infirmité native de notre esprit qu'il ne gagne ordinairement en étendue qu'à la condition de perdre en profondeur. L'histoire de notre siècle en est la preuve[2].

Deux hommes, toutefois, ont fait exception à travers les âges à cette loi de défaillance : Salomon et Thomas d'Aquin.

Ce qui pour les autres demeurait caché et inconnu, dit la Bible, pour Salomon devenait manifeste et découvert[3]. Et comme preuve de la façon admirable dont cet esprit aussi profond que vaste avait l'habitude de creuser une question, le livre sacré rapporte que Salomon *traita de tous les arbres, depuis le cèdre qui est sur le Liban, jusqu'à l'hysope qui sort des murailles*[4].

Même caractère chez saint Thomas.

Vraiment, cet homme, ainsi que son nom l'indique, vous emporte aux abîmes. Suivez-le, par exemple, dans son traité des péchés ; les péchés ! matière si insondable que l'Écriture elle-même a pu porter ce défi : *Delicta quis intelligit*[5], qui a jamais compris le péché ? et, dans ces abîmes d'en bas, saint Thomas vous fera pénétrer en de tels gouffres de malice, en de telles profondeurs de corruption, que vous frissonnerez tout à coup en découvrant que vous avez été amené progressivement mais logiquement jusqu'à l'entrée de cet

---

1. Genèse, I, 10.

2. L'universalité, aux dépens de la profondeur, semble être un défaut plus particulier aux Français. Déjà, au seizième siècle, le célèbre Maldonat le constatait en ces termes : « Sonat suaviter eorum auribus nescio quod nomen Cyclopediæ, quod multorum mea sentenlia studia pervertit. » (Maldonat, *De ratione studendi theologiæ, ad auditores Parisinos*, p. 29.)

3. Sagess., VII, 21.

4. III Rois, IV, 33.

5. Ps., XVIII, 13.

autre et effroyable abîme, où il n'y a plus d'espérance, l'enfer éternel !

Au contraire, abandonnez-vous à sa suite du côté des abîmes d'en haut : la prédestination, la grâce, la gloire, sommets hymalaïens de la théologie que garde le vertige ! et Thomas d'Aquin, dans une doctrine aussi sûre que rapide, plus rapide que les vastes ailes qui fendent les espaces, plus sûre que les serres puissantes qui écartent les nuages, vous aura emporté, à travers la lumière, où l'aigle même n'atteint pas, dans la sublimité des cieux !

Déjà établie par la simultanéité de l'universalité et de la profondeur, la supériorité de Salomon et de saint Thomas a été rendue définitive par un troisième caractère, celui-là..... glaive des docteurs : *la subtilité !* Non point cette subtilité selon le monde, toujours à la recherche d'abstractions, en quête d'arguties : défaut d'Abélard et, un instant, le péril du grand mouvement intellectuel que je rappelais tout à l'heure ; mais la subtilité selon Dieu, telle que l'a définie saint Paul [1], l'acier à deux tranchants, qui pénètre immédiatement, mais loyalement, jusqu'au nœud, jusqu'à la moelle de l'objection opposée à la vérité, pour en mettre à nu les replis, les subterfuges, l'erreur !

Or, c'était là cette subtilité qui brillait dans les conversations [2], les controverses, les jugements de Salomon ; témoin ce fameux cas de conscience, si embarrassant, celui de l'enfant que se disputaient deux mères. Vous connaissez tous, Messieurs, les données de cette délicate et mystérieuse affaire [3] ; et comment, sans être pourtant guidé par les distinctions si savantes et surtout si lumineuses du probabilisme,

---

1. *Ad Hebræ.*, IV, 12.

2. Lorsque la reine de Saba fit exprès et en grande pompe le voyage d'Arabie à Jérusalem, uniquement pour éprouver par des énigmes, c'est-à-dire par des questions difficiles et soigneusement préparées à l'avance, *tentare eum in œnigmatibus*, ce que l'on racontait de la sagesse de Salomon, il arriva que non seulement la noble descendante d'Ismaël vit se dissiper aussi facilement qu'une fumée d'encens, sous la parole du Roi, toutes les difficultés qui jusqu'alors lui avaient paru insurmontatables ; mais, ajoute la Bible, il ne se trouva dans son âme pas une question sur laquelle Salomon ne l'ait pleinement et complètement satisfaite, *nec quidquam fuit quod non perspicuum ei fecerit.* (III Rois, x, 1-3 ; II Paralip., 1-2.)

3. III Rois, III, 16-28.

du probabiliorisme et du tutiorisme, Salomon trancha néanmoins la question avec une pénétration et une sagesse qui feraient certainement honneur, aujourd'hui encore, au professeur de morale le plus sagace!

Et maintenant, comment exprimer la subtilité de saint Thomas?

Ici, c'est plus qu'un glaive! On dirait que le Docteur du treizième siècle a été associé à cet acte du premier jour par lequel Dieu, dit la Genèse, *sépara la lumière d'avec les ténèbres, Divisit lumen a tenebris*[1].

Quelle que soit, en effet, la question qu'il entreprenne de traiter, saint Thomas, invariablement, commence par indiquer les ténèbres, c'est-à-dire les oppositions, les objections, parce qu'il est de notre nature déchue, chaque fois qu'une question nouvelle nous est proposée, de se porter instinctivement aux difficultés, aux fausses lueurs, aux vagues apparences. Mais les objections ainsi indiquées, saint Thomas, sans y arrêter l'esprit, va ensuite droit à la lumière, c'est-à-dire à la démonstration positive de la vérité; et il le fait constamment d'une manière si nette, si étincelante, si logique, si sobre, si rapide, que, cette démonstration achevée, lorsqu'il vous ramène de nouveau aux objections, mais, cette fois, afin de les regarder en face et les résoudre, en vérité ce que l'on retrouve ce ne sont plus des ténèbres consistantes, mais des ténèbres déjà en fuite, en fuite devant la lumière!

Telle est la marche uniforme, constante, suivie d'un bout à l'autre de la *Somme théologique*, à travers les trois ou quatre mille articles et les dix mille objections qui la composent. Toujours, séparation de la lumière d'avec les ténèbres, de la vérité d'avec l'illusion, le préjugé ou l'erreur; de telle sorte que, sur chaque question, que ce soit la plus simple ou que ce soit la plus ardue, l'esprit du lecteur, satisfait et possesseur de la vérité, a la joie de se dire, en empruntant les paroles mêmes de Dieu, après son subtil travail de séparation : « Ici est le jour, là est la nuit : *Appellavitque lucem diem, et tenebras noctem*[2] ».

Universalité, profondeur, subtilité ! Est-il étonnant que devant un pareil éclat de plénitude les foules émerveillées se soient précipitées[3],

1. Gen., I, 4.
2. Gen., I, 5.
3. III Rois, IV, 34; *Vie de saint Thomas,* p. 301.

et que les rois aient éclaté en louanges : « *Heureux ceux qui sont à vous*, s'écriait, en écoutant Salomon, la reine de Saba ; *heureux vos serviteurs, qui jouissent toujours de vos sages discours*[1] ! » Et un Pape, Jean XXII, dira de Thomas d'Aquin « *qu'à lui seul il a répandu plus de lumières dans l'Église que tous les autres savants*[2] ».

Ah ! que tu étais belle à voir, ô Jérusalem ! lorsque, regorgeant ainsi de la foule des étrangers et des longues files de dromadaires fléchissant sous le poids des pierres précieuses et des aromates, tu excitais la jalousie de Sidon, d'Edesse et de Memphis, antiques métropoles de la science, qui t'enviaient Salomon ! Quelles fiertés alors couronnaient ta tête, lorsque tu entendais retentir des paroles comme celles-ci : « *Nos pieds sont comme enracinés dans ton enceinte, ô Jérusalem*[3] ». C'était l'admiration qui les y enracinait !

Et chez vous aussi, quel éblouissement de vie et d'influence, vieilles cités reines du moyen âge, Rome, Paris, Cologne, Naples, Bologne, et autres encore, non moins fameuses, lorsque, ornées de libertés et de franchises plus précieuses, n'est-ce pas, Messieurs ? que les diamants et les aromates, vos Universités savantes, avec des armées d'étudiants, se disputaient l'honneur de posséder saint Thomas !

Et comme si le monde matériel lui-même eût voulu s'associer à ce déploiement de l'intelligence, voici que c'est à la même époque, — ici, au-dessus des collines de Juda bondissant comme des daims ; là, sur le sol de la vieille Europe tressaillant de surprise et d'émo-

---

1. III Rois, x, 8.

2. « *Plus illuminavit Ecclesiam quam omnes alii doctores ;* in cujus libris plus proficit homo uno anno, quam in aliorum doctrina toto tempore vitæ suæ. » (Bolland., t. I, *Mart.*, p. 682.) — Le même Pape ajoutera, dans un discours prononcé en l'honneur de saint Thomas d'Aquin, « que Dieu avait opéré, par l'entremise de son glorieux serviteur, au moins trois cents miracles, *que d'ailleurs il avait fait autant de miracles qu'il avait écrit d'articles : Tot fecit miracula, quot scripsit articulos.* (*Bullarium ord. Prædic.*, t. II, p. 163, note 22.) — Jacques de Viterbe, archevêque de Naples, disait : « Je crois fermement, et sur ma conscience, que notre Sauveur, pour instruire les fidèles, pour éclairer le monde et l'Église universelle, a envoyé d'abord saint Paul, ensuite saint Augustin, enfin, de nos jours, Thomas d'Aquin, après lequel je ne crois pas qu'il viendra de semblable Docteur jusqu'à la fin des siècles. » (Bolland, *Ibid.*, p. 714, note 83.)

3. Stantes erant pedes nostri in atriis tuis, Jerusalem. (*Ps.*, cxxxi, 2.)

tion, — qu'apparaissent, avec Salomon, le Temple de Jérusalem et ses portiques de marbre ; avec Thomas d'Aquin, les cathédrales gothiques[1] et leurs lignes fuyantes vers les cieux. Quels frémissements, Messieurs ! Quel enthousiasme des deux côtés ! Quels temps que ceux où le remuement des pierres semblait rivaliser avec le remuement des idées ! O Salomon ! ô saint Thomas ! Contemplez-les, Messieurs ; les voici devant vous : L'un, sur son trône d'ivoire avec douze lions d'airain sur les degrés[2] ; l'autre, dans l'une de ces chaires sculptées à jour et dentelées pour les docteurs. Celui-ci orné des feux que projettent sur son front les éclairs du Sinaï ; celui-là resplendissant de l'auréole que reflètent autour de sa tête les cimes transfigurées du Thabor. Le premier, le Pentateuque dans les mains ; le second, l'Evangile sur le cœur ; et prononcez maintenant si, comme résumé de tout cet éclat, de l'enthousiasme et des acclamations des foules, on n'est pas entraîné à affirmer : que de même, tant qu'ont duré les siècles mosaïques, on disait : *la Sagesse de Salomon !* tant que dureront les siècles évangéliques, on dira : *la Doctrine de saint Thomas !*

III

L'épreuve et ses conséquences.

Quelques soient la position ou les grâces reçues, il faut, un jour ou l'autre, passer par l'épreuve.

Vous en savez le pourquoi. Dieu qui nous a créés sans nous, ne

---

1. On a observé plus d'une fois, et avec raison, que la *Somme théologique* présentait quelques lacunes. — Frédéric Ozanam a merveilleusement répondu, en trois lignes, à cette observation : « Semblable, en cela même, à toutes les grandes créations politiques, littéraires, architecturales du moyen âge, toutes choses que le destin n'a fait que montrer et n'a pas laissées être jusqu'au bout... »

> ... *Ostendent Fata, nec ultra*
> *Esse sinent....*
> (Ozan., *Dante et la philos. catholiq.*, p. 87.)

2. « Le roi Salomon fit un grand trône d'ivoire qu'il revêtit d'un or très pur. Ce trône avait six degrés... Il y avait douze lionceaux sur les six degrés, six d'un côté et six de l'autre. Il ne s'est jamais fait un si bel ouvrage dans tous les royaumes du monde. » (III Rois, **x**, 18, 20.)

veut pas nous couronner sans nous. Afin donc que notre couronne soit à la fois un don de sa grâce et un droit de nos mérites[1], il nous met à l'épreuve.

C'est dans le délicat domaine de la pureté que Salomon et Thomas d'Aquin y furent soumis; toutefois, avec une différence.

Pour Salomon, la pureté à respecter était celle relative aux alliances. Par une disposition particulière à la Loi ancienne, toute alliance avec les descendants des Chananéens était absolument interdite[2]; avec les autres peuples païens, elles devenaient possibles, mais dans des cas fort rares et avec des précautions soigneusement réglées par la Loi[3]. L'obéissance à cette double défense, rigoureuse pour tout Israélite, s'imposait davantage encore à Salomon; le but de ces prohibitions étant de préserver de tout mélange ces deux trésors, spécialement confiés à la garde du roi : la pureté de la foi juive et la pureté du sang réservé au Messie à venir.

Pour Thomas d'Aquin, l'épreuve devait être plus délicate encore. Placé, en effet, sous la perfection plus haute de la Loi nouvelle, qui admet les vœux solennels de religion, c'est-à-dire la reproduction aussi rapprochée que possible de ce qu'a été ici-bas la vie du Messie venu, l'épreuve pour le religieux de Saint-Dominique, allait consister dans la fidélité ou l'infidélité au grand vœu de chasteté.

Vous savez, Messieurs, si votre Docteur y fut fidèle; et comment, à la fleur de sa jeunesse et de son noviciat, il n'avait alors que seize ans, détenu prisonnier dans le château de Rocca-Secca, un jour qu'il s'y vit assailli par les séductions de l'enfer, armant promptement son cœur du feu du divin amour, et sa main de celui d'un tison ardent, il conquit, sur le champ de bataille de l'épreuve, ce second nom, le plus enviable peut-être, qu'à côté de celui d'*Aigle de la Doctrine,* l'Église a gravé sur le front de l'adolescent vainqueur : *l'Ange de l'Ecole*[4]!

1. Coronando merita, coronas dona tua.
2. Exode, xxxiv, 11, 16; Deuter., vii, 3.
3. Deuter., xxi, 10-14; xx, 10-18; ii, 9, 19; xxiii, 7. — Voy Becanus, *Analogia veteris novique Testamenti,* cap. xxi, quest. iii. An potuerint (Hebræi) accipere uxores alienigenas.
4. Docteur angélique ou *Doctor angelicus.* Voici les principaux titres décernés, durant le moyen âge, aux plus fameux Docteurs : Ruysbrock était appelé *Doctor extaticus;* Alexandre de Halès, *Doctor irrefraga-*

Les fruits de cette victoire furent magnifiques. Ils consistèrent, avec la grâce irrévocable d'une virginité perpétuelle[1], dans une lumière de l'intelligence toujours grandissante. Oui, c'est là un des privilèges réservés à la pureté de cœur, que souvent elle obtient dès ici-bas pour l'esprit cette marche ascendante de clarté en clarté[2], qui constituera l'une des surprises, l'une des joies plus ravissantes au séjour des cieux. Or, ainsi en fut-il pour Thomas d'Aquin, depuis le donjon de Rocca-Secca. Qu'on le suive, en effet, jusqu'à la dernière minute de sa vie ; qu'on l'étudie comme élève ou comme professeur, comme missionnaire ou comme écrivain, à la cour des Papes ou à la table des Rois, et on constatera ceci : marche toujours ascendante de ses idées, déploiement toujours grandissant de ses horizons, jusqu'à ce qu'enfin la lumière de son âme, s'épanouissant comme une aurore[3], soit venue se réfléchir dans cette prose incomparable du Saint-Sacrement où l'amour se combinant avec la lumière, l'un et l'autre ont si bien mêlé leurs feux, qu'on se demande lequel des deux est l'auteur du chef-d'œuvre, de l'esprit ou du cœur de saint Thomas, si c'est l'amour qui a inspiré la lumière ; ou bien, si c'est la lumière qui a fait éclater l'amour ?.....

Ce qu'il y a de certain, c'est que si souvent unis dans la vie du grand Docteur, la lumière et l'amour allaient s'y entrelacer une dernière fois.

Invité spécialement par Grégoire X à se rendre au quatorzième Concile général, provoqué à Lyon pour le rapprochement de l'Église grecque[4], Thomas d'Aquin, attendu comme une lumière, s'était mis

bilis ; Durand de S. Pourcain, *Doctor resolutissimus* ; S. Bonaventure, *Doctor seraphicus* ; Guillaume Occam, *Doctor singularis* ; Henri de Gant, *Doctor solemnis* ; Duns Scot, *Doctor subtilis* ; S. Bernard, *Doctor mellifluus*.

1. Tous les anciens historiens racontent qu'après sa victoire, Thomas d'Aquin, dans une extase, vit des anges qui le ceignaient d'une ceinture divine, en lui disant : « Noi à te veniano da parte di Dio per conferirti il dono di perpetua virginità, di cui ora ti fa grazia irrevocabile (Lor. Scupoli, *dolla Purità*. — Bareille, *Hist. de S. Th. d'Aquin*, p. 72). C'est là l'origine de la belle association religieuse, nommée la *Milice angélique*.

2. II. Corinth; III, 18.

3. Erumpet quasi mane lumen tuum (Isaïe, LVIII, 8).

4. Il se réunit en 1274.

en marche pour la ville fidèle que le Rhône traverse et que la Saône caresse, lorsque, sur son chemin, un messager, l'Ange de la mort, apparaît... la Lumière incréée attendait aussi Thomas d'Aquin ! Et, chose singulière ! c'est en expliquant le Cantique des Cantiques, ce livre par excellence du divin amour, mais que nous allons voir trahi et profané par son auteur, que Thomas d'Aquin, le religieux fidèle, les mains tendues comme quelqu'un qui cherche à étreindre, exhala dans le baiser du Seigneur[1] son dernier soupir.

Tandis qu'un long cri d'admiration suit l'Ange de l'École rappelé au ciel, nous, Messieurs, revenons à Salomon.

C'est entre les bénédictions de Dieu et les applaudissements des hommes que nous l'avions laissé. Mais voici qu'à l'égal d'un coup de tonnerre dans un ciel d'azur, a éclaté, sans transition, cette phrase de la Bible : *Salomon était déjà devenu vieux, lorsque son cœur se corrompit*[2].

Que s'était-il donc passé ?

On a longuement disputé sur la chute de Salomon. Les uns l'ont attribuée à un mirage de l'or[3] ; les autres, à un enivrement des louanges[4] ; ceux-ci, à une séduction de cette nature d'Orient si étin-

1. Osculetur me osculo oris sui. (Cantic. I, 1.)

2. III Rois, XI, 4.

3. « Tous les vases dans lesquels buvait le roi Salomon, et toute la vaisselle du palais en cèdres du Liban, étaient d'un or très pur. L'argent n'était plus compté pour rien, et on n'en faisait aucun cas sous le règne de ce prince... Il rendit de son temps à Jérusalem l'argent aussi commun que les pierres, et les cèdres que les sycomores de la campagne. » (III Rois, X, 21, 27.)

4. « Il venait des gens de tous les pays pour l'écouter, et des ambassadeurs de tous les rois de la terre qui avaient entendu parler de sa sagesse... Chacun lui envoyait tous les ans en présent des vases d'argent et d'or, des étoffes, des armes, des parfums, des chevaux. (III Rois, IV, 34 ; X, 25.) — Nous pouvons bien dire, en suivant la règle certaine de l'Écriture, que la chute de Salomon a été nécessairement précédée par quelque secret élèvement, puisque nous avons appris de la vérité *que l'orgueil précède la ruine de l'âme, et que l'esprit s'élève avant la chute*. Il faut donc que Salomon, aussi bien que le premier ange et le premier homme, ne se soit point humilié dans sa grandeur, et que, par une complaisance criminelle, il ait arrêté ses yeux sur lui-même, au lieu de porter sa vue sur celui qui l'avait rendu et si éclairé et si sage, et si riche et si glorieux. » (Sacy.)

celante, mais, en même temps, si corruptrice[1]; ceux-là, à la somp-
tuosité excessive de la table royale[2]; quelques-uns, à une tentative
de conciliation poursuivie par Salomon, comme marque de sa sagesse, entre les doctrines juives et les doctrines païennes[3]. Sans vou-
loir nier l'influence d'aucune de ces causes, c'est ailleurs cependant,
à la méconnaissance de la grande loi de pureté rappelée tout à
l'heure, qu'il faut, croyons-nous, attribuer cette lamentable chute;
selon que semble l'indiquer cette courte mais accablante réflexion,
placée par la Bible à la suite du catalogue[4] des fausses épouses qui
dépravèrent le cœur du roi : *Elles étaient de ces nations dont le*

1. « Il s'éprit de cette nature qu'il avait étudiée, pénétrée, saisie dans
son sens vivant et, en quelque sorte, dans son âme ; et l'œuvre de l'Eter-
nel lui parut capable de se suffire à elle-même, mériter l'amour pour
elle-même, digne, par conséquent, des adorations de l'homme. Le profond interprète des mystères du monde visible fut séduit par ses attraits,
et l'amour charnel fut le piège où se prit l'amant de la nature » (Hanneberg, *Hist. de la révélat. bibliq.*, t. I, p. 272 ; Paris, 1856.)

2. « On fournissait chaque jour pour la table de Salomon 30 mesures
de fleur de farine et 60 de farine ordinaire, 10 bœufs gras, 20 bœufs de
pâturage, 100 moutons, outre la venaison, les cerfs, les chevreuils, les
daims et les volailles engraissées. » (III Rois, iv, 22, 23.)

3. Peut-être aussi la réputation que Salomon s'acquit au loin le porta-
t-elle d'abord à essayer de concilier, dans un même système spirituel,
la religion mosaïque et toutes les religions naturelles, et fut-il tenté,
comme d'une sorte de conquête, d'enrichir de toutes les idées païennes
le système plus exclusif de Moïse. (Hanneberg, *Ouvr. cit*, p. 272.)

4. Voici ce catalogue : « *Rex autem Salomon adamavit mulieres
alienigenas multas, filiam quoque Pharaonis, et Moabitidas et Ammo-
nitidas, Idumœas, et Sidonias, et Hethœas* » (III Rois, xi, 1). On dirait
que, dans ce catalogue, l'écrivain sacré a pris soin d'indiquer la gra-
dation qui amena peu à peu le malheureux roi au plus profond de
l'abîme. En tête, c'est la fille de Pharaon, unie à Salomon par un mariage très légitime et de haute politique, mais plein de dangers. Ce
sont ensuite des Moabites, des Ammonites et des Iduméennes, avec
lesquelles il était également permis de s'allier, mais seulement dans
des cas très rares et avec les précautions prescrites par la loi. Ce sont
enfin des Sidoniennes et des Héthéennes, descendantes des races mau-
dites, avec lesquelles toute alliance était rigoureusement interdite. —
Sur la question de savoir si le mariage de Salomon avec la fille du roi
d'Egypte était ou non contraire à la Loi, il y a deux opinions. Elles sont
nettement exposées dans Bécan, *Analogia veteris novique Testamenti*,
cap. xxi, quæst. iii ; et dans Dom Calmet, *Commentaire littéral* sur
III Rois, iii, 1).

Seigneur avait dit aux enfants d'Israël : Point d'union entre vous et elles, entre leur race et la vôtre[1] !

Or, dans la série des dégradations où le malheureux monarque, livré désormais au vice impur, se vit entraîné, il en est une, mentionnée également par la Bible, à laquelle, je l'avoue, tout d'abord, mon esprit s'est heurté, tant elle paraît inconcevable ! c'est que Salomon serait devenu idolâtre, il aurait sacrifié aux faux dieux[2]. Salomon idolâtre ! Historien du troisième livre des Rois, ne t'es-tu pas trompé ? Celui que tu montres prosterné devant les idoles, n'est-ce point le même qui demanda et obtint la sagesse, l'écrivain inspiré du Cantique des cantiques, l'homme des visions de Gabaon[3], quand, réveillé sur sa couche royale par l'apparition soudaine de Jéhovah, il s'écriait, dans le saisissement de son être : « Mes os brûlent et mes os se glacent[4]... ils murmurent : *Jéhovah, qui est semblable à toi. Omnia ossa mea dicent : Domine, quis similis tibi*[5] !-» Et aujourd'hui, cet homme idolâtre ! Le Salomon de Jéhovah aux pieds de Moloch et d'Astarté !... Encore une fois, historien du troisième livre des Rois, ne t'es-tu pas trompé ?

Et le puits de l'abîme fut ouvert, répond l'Apocalypse, et ayant été ouvert, une fumée montait, semblable aux tourbillons noirâtres d'une grande fournaise, Et aperuit puteum abyssi, et ascendit fumus putei, sicut fumus fornacis magnæ[6].

Quel est ce puits de l'abîme, Messieurs, et que sont ces ténèbres ?

Le puits de l'abîme, c'est d'abord l'enfer de Satan.

Mais le puits de l'abîme, c'est aussi ce foyer putride de la concupiscence, héritage d'Adam, creusé en chacun de nous au plus profond de l'être, et où s'agitent incessamment les ténèbres originelles du péché. Refoulées là comme dans un puits, et scellées, sous la Loi ancienne par les observances légales, sous la Loi nouvelle par le sacrement du Baptême, toutes ces ténèbres, impatientes de la contrainte, n'ont, en se tordant sur elles mêmes, que le souci de se faire

1. III Rois, XI, 2.
2. *Ibid.*, XI, 4-8.
3. *Ibid.*, III, 5 ; II Paralip., I, 7.
4. Job, IV, 14, 15.
5. Psaum., XXXIV, 10.
6. Apocal., XI, 2.

jour [1]... *Et aperuit puteum abyssi*, et le puits de l'abîme a été ouvert ! Sous les coups répétés du vice impur, il y a eu rupture, selon la formidable étymologie du mot, rupture du cœur, rupture du puits de l'abîme, *cor-ruptio !* Et les ténèbres, apercevant l'issue, se sont précipitées ; et, montant du côté de l'âme, les voici qui montent encore. Tandis que saint Thomas s'avancera de clarté en clarté, Salomon se sent envahi de ténèbres s'ajoutant aux ténèbres. Et ces ténèbres montant toujours, elles sont parvenues jusqu'au sommet, jusqu'au firmament : *Et obscuratus est sol* [2]... l'intelligence est obscurcie.

Et maintenant c'est la nuit, de toutes les nuits la plus funèbre, celle qu'engendrent les passions, et que sillonne parfois, comme un éclair de feu livide, cet aveu, ce cri déchirant : *Je ne puis plus croire, j'ai perdu la foi !* [3]

Vingt-huit siècles ont passé sur celui qui fut Salomon ; six siècles, sur le moine qui se nomma Thomas d'Aquin.

Tandis que l'un, acclamé par toute génération qui se lève, depuis celle où brilla le Dante [4], jusqu'à la nôtre, éclaircie par Léon XIII, exerce sans rivalité, dans l'École une dictature aimée de tous, parce qu'elle est celle de la lumière s'imposant par la lumière et pour

1. Sachez que nul fornicateur, nul impudique, nul avare ne sera héritier du royaume de Jésus-Christ et de Dieu. N'ayez donc rien de commun avec eux. Car vous étiez autrefois *ténèbres ;* mais maintenant vous êtes lumière en Notre-Seigneur. Marchez comme des fils de lumière... *Et ne prenez point de part aux œuvres infructueuses des ténèbres.* (Epit. aux Ephés., v, 5-11.)

2. Apocalypse, ix, 2. — Quel témoin des premières années de Salomon eût pu s'imaginer qu'un jour viendrait où, sur celui qui avait demandé et obtenu la sagesse, il y aurait lieu d'écrire un livre dont le titre serait : *De la sagesse et de la folie de Salomon !... De sapientia et insipientia Salomonis,* par J. Cajetan, Conimbrice, 1741.

3. *Il est dans les ténèbres, il marche dans les ténèbres et il ne sait où il va, parce que les ténèbres l'ont aveuglé.* (I Epit. de S. Jean, ii, 4.)

4. « Entre saint Thomas d'Aquin et saint Bonaventure se partageaient toutes les sympathies du philosophe-poète. Ils avaient assez vécu pour le laisser témoin du deuil qui accompagna leur mort. Il rencontrait dans le monde savant leur mémoire toute récente et toute-puissante, leurs enseignements et leurs vertus confondus encore en un même et vivant souvenir. Aussi traitait-il quelquefois avec eux comme avec de nobles mais bienveillants amis, citant à l'appui de ses opinions, avec une familiarité sublime, *le bon frère* Thomas. » (Ozanam, *Dante et la phil. cathol.,* pp. 288, 289 ; Paris, 1859.) C'est ainsi que le prince des théologiens a contribué à former le prince des poètes.

la lumière, *lumen in cœlo!* l'autre, rejeté déjà de son vivant [1], a été cause que dix tribus sur douze se sont précipitées dans le schisme, se séparant, à cause de lui, de Jérusalem et de la vérité [2]!

Tandis que l'un, étudié, médité, commenté en chacune de ses pages, va resplendir encore, et, comme cela ne sera fait pour personne, dans une édition de ses œuvres où l'érudition et la typographie auront épuisé tout ce qu'elles possèdent d'exactitude et de magnificence [3]; l'autre n'existe même plus; tous ses ouvrages, sauf trois livres inspirés [4] qui sont la parole de Dieu et non la sienne, ses pièces de poésies, ses rares découvertes, ses savantes dissertations sur la nature, tout cela ayant péri, à ce point qu'il n'en subsiste pas même une ligne, pas un mot [5]!

Tandis que l'un, fidèle à Dieu et enthousiaste jusqu'à la fin de la grande mission de la science, a eu la joie d'entendre ces paroles : *Tu as bien écrit de moi, Thomas; que veux-tu pour ta récompense* [6]*?* L'autre, séparé de Dieu et accablé par le vide de toute science qui ne l'a plus pour fin, a écrit, découragé : *Vanité des vanités... j'ai livré mon esprit à la recherche de la sagesse et de la science, et j'ai constaté que cela aussi est étude vide et vanité!*

Enfin, tandis que l'un, canonisé par l'Eglise, jouit au Ciel, on en a la certitude [7], de la félicité et de la gloire préparées aux élus; l'autre, la Bible n'ayant point dit qu'il eût fait pénitence, est-il sauvé, est-il damné? ce doute plane formidable sur son éternité [8]!...

1. III Rois, xi, 11-40.
2. III Rois, xii, 3, 4, 16.
3. Voir l'Encyclique de Léon XIII sur saint Thomas.
4. Les Proverbes, l'Ecclésiaste, le Cantique des cantiques.
5. Nous ne possédons même qu'une minime partie des trois mille paraboles ou proverbes de ce prince (III Rois, iv, 32); puisque le livre inspiré des *Proverbes* ne contient guère que 915 versets, qui tous ne sont pas des proverbes. Quant aux mille et cinq cantiques (III Rois, iv, 32), la proportion est encore moindre; car, outre le Cantique des cantiques, deux Psaumes seulement, le LXXIe et le CXXVI[e] portent le nom de Salomon et lui sont attribués avec juste raison. Il se pourrait aussi qu'il fut l'auteur du Ps. CXXXI.
6. « Benè scripsisti de me, Thoma; quam ergò mercedem accipies? » (*Apud Bolland.*, p. 671.)
7. Voir, dans le traité de l'Eglise, la thèse *De infallibilitate Ecclesiæ circa sanctorum canonizationem.*
8. Salomon fit-il pénitence à la fin de sa vie et sa mort fut-elle sainte?

Arrivés à ce dernier terme, qui ne se sentirait saisi, Messieurs, et pénétré de frayeur?.. O mon Dieu, quelle différence! L'un sera pris, l'autre sera laissé. Mais qui oserait sonder vos profondeurs? Et surtout, quelle balance est aussi juste que celle de vos mains!

Nous avons besoin de précautions, Messieurs, nous en avons besoin à toutes les époques de notre vie. Ni l'âge, ni les talents, ni les fidélités passées ne sauraient nous dispenser de répéter avec la Bible et dans l'humilité de tout notre être : « Veillez sur moi, Seigneur; veillez, de peur que je ne vous trahisse et ne m'endorme dans la mort, *Ne unquam obdormiam in morte*[1]. »

Vous venez d'en avoir la preuve : Des deux oliviers, l'un s'est flétri; des deux candélabres, l'un s'est éteint! Ils avaient pourtant fleuri et brillé de pair, depuis leur apparition jusqu'à l'éclat de la plénitude!..

Et Vous, chers jeunes gens, élèves de cet Institut catholique et son honneur; vous, encore tout imprégnés des conseils de vos mères et des promesses contractées à la cléricature ou à la première communion; instruits que vous êtes, par l'exemple du *Docteur angélique*, de ce que peut la blanche vertu de pureté pour le développement de l'intelligence, ah! confiez, confiez à Marie votre titre d'*Ange*, afin d'obtenir de Jésus celui de *Docteur!* Oui, ce sont là, et il m'est doux de m'en faire le garant, les nobles sentiments de vos cœurs. Qu'ils achèvent donc de s'épanouir sous la bénédiction de Son Eminence!

C'est une question fort controversée parmi les Pères et qu'il est impossible de résoudre. Ceux qui admettent la pénitence, aiment à s'appuyer sur l'Ecclésiaste, prétendant que Salomon a écrit ce livre pour qu'il fût un témoignage de sa conversion. L'Ecclésiaste serait donc par rapport au monarque prévaricateur, ce que devait être plus tard, par rapport à saint Augustin, son livre des *Confessions*. Mais, nous le répétons, on ne peut malheureusement que conjecturer. Corneille La Pierre rapporte que sainte Mechtilde, en l'an 1300, ayant interrogé le Seigneur, durant une révélation, sur le sort éternel de Samson, de Salomon et d'Origène, il lui fut répondu que jusqu'à la fin des siècles il y aurait doute sur le sort éternel de Samson, afin que les hommes craignissent de se venger de leurs ennemis; sur le sort éternel de Salomon, afin que les hommes tremblassent de s'abandonner aux convoitises de la chair; sur le sort éternel d'Origène, afin que les hommes redoutassent de s'enorgueillir de leur science. (Cornel. à Lapid., *in Ecclesiastic.*, cap. XLVII, v, 22.)

1. Ps. XII, 4.

Toulouse, PRIVAT, imprimeur de l'Archevêché, rue Saint-Rome, 39. — 92